La sopa

Kathleen J. Palmer
Ilustrado por Julian E. López

Para el día de la fiesta
los conejitos cocinarán

una sopa de vegetales
que todos compartirán.

Zanahorias le pondrán
a la sopa para empezar.

—¡Zanahorias! ¡Zanahorias!
—comenzaron a cantar.

También le pondrán
ajos, calabaza y coliflor,

cebollas y pimientos,
para darle buen sabor.

¿Qué más pondremos
a la sopa de vegetales?